Couvertures supérieure et inférieure manquantes

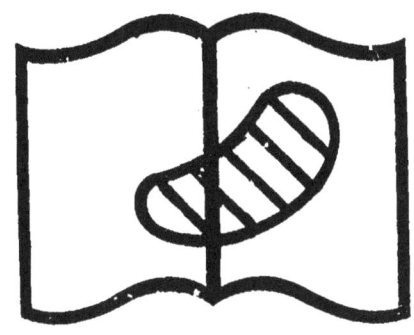

Illisibilité partielle

VALABLE POUR TOUT OU PARTIE DU DOCUMENT REPRODUIT

# HISTOIRE

DE

# L'HOPITAL ST-JACQUES

## HOTEL-DIEU DE RODEZ

DEPUIS SA FONDATION, EN 1346, JUSQU'A NOS JOURS

Par le docteur **VIALLET**

Membre de la Société des lettres, sciences et arts de l'Aveyron, correspondant de la *Revue d'économie charitable*, membre de la Société française d'Archéologie et de la Société de Statistique de Paris.

> *Le pauvre cria vers Dieu, et Dieu l'exauça.*   Ps. xxxij.

RODEZ,
IMPRIMERIE DE E. CARRÈRE, LIBRAIRE.
—
1864.

# HISTOIRE

DE

# L'HOPITAL SAINT-JACQUES

## HOTEL-DIEU DE RODEZ

DEPUIS SA FONDATION, EN 1346, JUSQU'A NOS JOURS.

>       Le pauvre cria vers Dieu, et Dieu
>       l'exauça.          *Ps.* xxxij.

L'histoire des monuments anciens a d'autant plus d'attraits, qu'elle aide à nous faire connaître les mœurs, les habitudes, les usages des siècles passés, et surtout la décadence ou les progrès de l'art. On ne doit pas être dès-lors surpris que tant de personnes se livrent à l'étude de cette partie de l'archéologie que j'appellerai *matérielle*.

Il en est une autre qui offre un grand intérêt, à quelque point de vue qu'on l'examine : c'est celle qui s'occupe de l'histoire des institutions, à laquelle viennent quelquefois en aide et prêtent leur concours les monuments et les édifices qui leur ont survécu.

Parmi elles sont les institutions charitables, dont le catholicisme peut, à bon droit, revendiquer la première pensée et l'exécution.

On ne trouve pas, en général, dans l'histoire de leur fondation, ni de leur développement, ces grandes idées qui étonnent, ces hardiesses du génie de l'homme qu'on a peine à concevoir ou à comprendre ; tout ici est modeste, humble ; c'est un épanchement de l'âme qui crée, qui féconde ces institutions, où se révèle souvent, avec une naïveté et un esprit de foi admirable, un principe qui féconde tout, *l'amour de Dieu et des hommes.*

Je laisse à d'autres le soin d'étudier les traces que nous rencontrons à chaque pas du *peuple-roi* à travers les nations, soit par ces monuments, soit par ces institutions, par ces grandes *voies* qui sillonnèrent une grande partie du monde et qui servirent à le dominer, ou bien les monuments que nous ont légués le moyen-âge et la Renaissance.

Je veux esquisser aujourd'hui l'histoire de l'une de ces modestes fondations hospitalières que nous laissa la foi catholique au moyen-âge, autant pour venir en aide aux pauvres malades que pour servir d'*étape* à ces nombreux pèlerins qui, de tous les points de l'Europe, dirigeaient leurs pas vers les Lieux-Saints, vers Rome et saint Jacques de Compostelle. L'histoire de ces *voies catholiques*, où l'on rencontrait une *étape* à la distance d'une journée l'une de l'autre, ne serait pas dépourvue d'intérêt.

Ainsi, dans le Rouergue, nous trouvons pour les pèlerins venant du Gévaudan : Aubrac, Livinhac, Bozouls, Rodez, Millau, L'Hospitalet, pour ceux qui vont à Rome ou aux Lieux-Saints; pour ceux qui viennent de l'Auvergne : le Mur-de-Barrez, Taussac, Entraygues, Rodez, Sauveterre, Najac ou Villefranche, s'ils veulent diriger leurs pas vers Saint-Jean de Compostelle.

L'hôpital Saint-Jacques de Rodez, connu aussi, depuis la fin du 17e siècle, sous le nom d'Hôtel-Dieu (1), est une de

---

(1) Le nom *Hôtel-Dieu* avait, à son origine, une signification qu'il empruntait aux mœurs de l'époque. Un hôtel aujourd'hui est, en général, une auberge plus ou moins confortable ; jadis ce nom était réservé à la demeure des rois, des hommes les plus puissants, ou représentait la ville ou la cité. Ainsi on disait : *hôtel du Louvre, hôtel Montmorency, hôtel-de-ville.* Ajoutez au nom *hôtel* le nom de *Dieu*, et alors on se fera une idée de tout le respect qu'on avait pour la demeure des pauvres, surtout quand ils étaient malades. On ne doit plus dès-lors s'étonner que les rois, quand ils voyageaient, allassent s'y héberger, ni que les évêques allant prendre possession de leur diocèse, rendissent visite à l'Hôtel-Dieu, avant de prendre possession de leur cathédrale.

ces maisons *étape* rares aujourd'hui. Il offre plus d'une page intéressante pour l'histoire locale, à quelque point de vue qu'on veuille l'examiner. Depuis un siècle et demi, l'Hôtel-Dieu a été surtout la grande ressource des artisans malades de cette ville. Ils le regardaient et le regardent encore comme leur propre maison. Pouvais-je avoir des motifs plus puissants pour m'engager à publier ce travail ?

En l'an de grâce 1346, Brenguier-Barrata donnait tous ses biens pour la fondation d'un hôpital dans la ville de Rodez, le mettait sous l'invocation de saint Jacques et faisait son testament ainsi qu'il suit :

« Au nom du Père et de l'indivisible Trinité, le Fils et le Saint-Esprit, ainsi soit-il. Comme il n'est rien de plus certain qu'une chose, c'est que nous devons mourir, mais qu'il n'est rien de plus incertain que l'heure de notre mort, que rien n'importe plus que de penser au salut de notre âme, qu'il n'est aucun être vivant qui ne doive rendre compte de ses actions au terrible jugement qu'il ne pourra éviter; c'est pourquoi moi, Brenguier-Barrata, prêtre, originaire de la ville et du Bourg de Rodez, recteur de l'Eglise de Saint-Laurent-d'Espère, au diocèse de Cahors, sain d'esprit et de corps par la grâce de Dieu, dans la plénitude de mon intelligence et de ma mémoire, craignant le jugement dont j'ai parlé, désirant pourvoir au salut de mon âme et me préparer à mon dernier jour, je fais ainsi mon testament :

» Je lègue, je veux et j'ordonne que, de mes biens, il soit fait, établi et construit un hôpital dans ma maison que j'ai en Bourg de Rodez, dans la rue ou à côté de la rue par laquelle on va du portail de la Barrière au Monastère, près de Rodez, lequel hôpital je veux qu'il soit muni et garni de douze lits complets, et ces douze lits, je les lègue bons et convenables audit hôpital.

» De tous et de chacun de mes biens mobiliers et immobiliers, et de tous ceux meubles par eux-mêmes, droits et actions, je fais, nomme et institue mon héritier universel et général les pauvres de Jésus-Christ, venant et arrivant audit hôpital, et au directeur, gouverneur et administrateur de cet hôpital, et que ledit directeur, après mon décès, aussitôt et sans retard, et sans réquisition du juge et de quelque autre personne que ce soit, et sans aucune peine quelconque, de son autorité propre, puisse et ait le droit de recevoir tous et chacun de mes biens, et de les appliquer audit hôpital. De plus, je constitue pour exécuteurs de mon présent et dernier testament le chapelain curé ou le vicaire perpétuel de l'Eglise de Saint-Amans, en Bourg de Rodez, et *Hugon Nattas*, dudit Bourg. Je veux cependant et j'ordonne que ledit chapelain ou prieur ne puisse et n'ait le droit d'exécuter mondit testament sans ledit *Hugon*; je veux aussi et j'entends que ledit *Hugon*, seul et sans ledit chapelain, puisse et ait le droit de remplir ma volonté. Après la mort de Hugon Nattas, je veux que les seigneurs Deodat de Comps et Bernard de Comps puissent et aient le droit d'instituer le directeur et gouverneur dudit hôpital, et qu'après eux, ce soient les seigneurs consuls du Bourg de Rodez, ainsi que de nommer aux deux chapellenies que je crée et pour l'entretien desquelles je donne mon domaine de Clause-Vignes, près de Valady, et 10 livres en sus pour l'entretien de chacun des deux dits chapelains. » *(Extrait du testament de Brenguier-Barrata.)*

La première pensée qui naît en lisant le préambule de ce testament, qui est à peu près conçu dans les mêmes termes que tous ceux qui proviennent des laïques comme des prêtres de cette époque, est cette profession de foi catholique. Au moment de faire son dernier acte de vie humaine, de délaisser tous ses biens, le testateur éprouve encore le besoin de proclamer une dernière fois ses croyances, ses craintes et ses espérances. Le précepte de l'aumône ou des œuvres charitables tient toujours une large place parmi tous les autres, et il est rare de trouver une pièce de ce genre où il n'y ait une place plus ou moins grande pour les pauvres.

En 1362, hommage rendu au seigneur de Valady par les chapelains dudit hôpital, à l'occasion des terres qui ont été données par Brenguier.

En 1375, testament de Pierre Nattas, fils d'Hugon Nattas,

qui donne et lègue à l'hôpital Saint-Jacques : 1° une rente annuelle de deux charges de bois sec pour faire chauffer les pauvres qui y affluent ; 2° une rente d'un pâté de viande pour être distribué tous les ans, avec une tasse pleine de vin pur, aux pauvres malades ; 3° un pâté ou gâteau avec de la viande, le jour de Pâques, avec une demi-*pauque* de vin bon, clair et sans eau, aux pauvres malades, et un plat de *laissolas* (de bouillie) aux enfants à la mamelle (*pueris lactantibus*) ; 4° en cas de mort d'un pauvre de l'hôpital, il veut que sa famille fournisse un drap pour l'envelopper, quatre chandelles et une croix en cire, de la valeur d'un denier ; 5° il donne pour le frère ou la sœur hospitaliers, qu'ils soient un ou plusieurs, une rente de deux setiers de froment ou de seigle, mesure de Rodez, bon, marchand, manducable, et huit setiers de vin de bonne qualité, également marchand et mesure de Rodez : c'est pour qu'ils aient plus de soin des malades.

Ce testament contient une foule d'œuvres pies ou charitables qui prouvent que la maison Nattas (ou de Nattes) était aussi riche que charitable.

En 1522, un amortissement était donné par François d'Estaing, évêque de Rodez, aux administrateurs de cet hôpital.

En 1528, Antoine Brenguier lui donnait, par testament, la somme de 25 livres de rente.

En 1531, Laurent Boutonnet, prêtre, du village de Boutonnet, près du Monastère, fondait une chapellenie à l'hôpital Saint-Jacques et donnait une rente de trois setiers de seigle au bassin des pauvres dudit hôpital.

En 1635, M. d'Austruy, chanoine de la cathédrale de Rodez, donnait à l'église de l'hôpital Saint-Jacques plusieurs vases sacrés en argent bruni sur doré, à condition qu'à la fin de la grand'messe qui se dira le jour de la fête de saint Jacques, il sera dit un *Libera me, Domine*, et un *De profundis*, avec les oraisons, pour le repos de son âme et celle de ses parents.

Dans plusieurs codicilles, il fait des dons considérables à

l'hôpital Saint-Jacques, aux Frères prêcheurs, aux Religieuses de Notre-Dame, aux Religieuses de Sainte-Catherine de Sienne, qui desservent l'hôpital Sainte-Croix du Bourg.

Dans son dernier testament, en 1662, M. le chanoine d'Austruy, dont la famille tenait un rang distingué à Rodez, puisque son père était président du présidial et que sa nièce fut mariée à M. de Frézals, marquis de Beaufort, rappelle tous les dons qu'il a faits et fait à l'hôpital Saint-Jacques, et qui s'élèvent à une somme considérable, 35,779 liv., et dit « que c'est pour la nourriture des pauvres pèlerins malades
» qui ont leur bonne carte de confession de Rome ou Saint-
» Jacques, vraiment pèlerins, et non pour les *coquillards*
» et pèlerins sauvages, qui ne font jamais que courir pour
» vendre des marchandises, qui sont le plus souvent mieux
» reçus des hospitaliers que les bons pèlerins, priant MM.
» les bayles et confrères d'y avoir le cœur, ne leur rien
» donner, ni en recevoir aucun. »

Dans ce même testament, il lègue aux Sœurs de Sainte-Catherine de Sienne une somme de 763 livres, pour le revenu en être affecté à aider à marier quelque fille ou mettre à métier quelque pauvre garçon du Bourg.

En terminant ce testament, il dit, pour ce qui concerne les dons faits à l'hôpital Saint-Jacques : « En cas que l'on
» voudrait divertir lesdits dons ou objets ci-dessus spécifiés
» en d'autres usages que pour les pèlerins dudit hôpital, ou
» que MM. les consuls du Bourg comme administrateurs
» dudit hôpital, la ville en corps, le seigneur évêque, in-
» tendant de tous les hôpitaux de France, bayles et con-
» frères dudit hôpital et autres, quels qu'ils soient et puis-
» sent être, ayant pouvoir et autorité d'unir ledit hôpital
» ou unir autre hôpital à celui de Saint-Jacques, en quelque
» forme et manière que ce soit; je veux et entends que les
» révérends pères prêcheurs, susdit prieur et syndic qui
» sera alors, cela advenant, retirent et perçoivent pour
» leur couvent et biens d'icelui ce que je donne et lègue
» audit hôpital Saint-Jacques, et je prie les révérends pères
» prêcheurs de prendre extrait de mon présent testament
» pour pouvoir faire exécuter mon intention. »

Le 23 février 1663, les administrateurs de l'hôpital Saint-Jacques se réunissaient pour nommer un directeur pour le régime et le commandement de cet hôpital, et *aussi* en ce qui concerne les pauvres pèlerins qui y logeront, et le sieur *Monmoton*, marchand, fut nommé directeur, en remplacement de M. d'Austruy, décédé.

La lèpre avait cessé en France, les pèlerinages avaient de beaucoup diminué, ce qui n'empêchait pas que, malgré les ordonnances des rois, les biens affectés à ce genre de maladies, ainsi que les revenus, ne fussent devenus la proie de quelques-uns, l'objet d'un gaspillage scandaleux, qui souvent dépassait toutes les bornes. Les faux lépreux, les fainéants, les vagabonds trouvaient commode de parcourir la France soit comme mendiants, soit comme pèlerins, et ces *coquillards* et vagabonds devenaient un péril pour la société, à cause de leur nombre et de leur audace. Louis XIV avait attribué à l'ordre de Saint-Lazare et du Mont-Carmel les biens provenant des léproseries, maladreries et autres hôpitaux *où l'hospitalité n'était pas gardée*, afin d'accorder des secours et récompenses aux officiers et soldats qui avaient supporté le poids de longues guerres et qui se trouvaient sans ressource. Henri IV et Louis XIII s'étaient déjà préoccupés de cette idée, et de là les pensions fondées sur les abbayes, prieurés et le trésor royal.

En vertu de cet édit, le commandeur de l'ordre de Saint-Lazare avait fait signifier à *Monmoton* l'ordre de délaisser l'hôpital Saint-Jacques, ainsi que tous les revenus.

Appel du syndic et des deux bayles de l'hôpital à la Chambre royale séant à l'arsenal, contre ces prétentions, et le 9 avril 1663, sur la présentation du testament du sieur d'Austruy, qui défend toute incorporation dudit hôpital en tout autre, sous peine de transférer aux Frères prêcheurs tout ce qu'il délaisse, ce qui forme la plus grande partie des revenus dudit hôpital, la Chambre royale déclare qu'il s'ensuit qu'il doit nécessairement demeurer en l'état où il est, être administré par les suppliants *Monmaton*, syndic; *Louet* et *Clémens Bou*, bayles.

Voici le dispositif de cet arrêt :

« Sur les conclusions du procureur-général du roi, ouï le rapport du sieur de La Margerie, conseiller ordinaire de Sa Majesté, la Chambre ordonne main-levée des saisies faites par MM. de Saint-Lazare et permet aux syndics et bayles de disposer dudit hôpital, comme ils le faisaient par le passé. »

Nonobstant cet arrêt, le commandeur de Saint-Lazare faisait donner une assignation au syndic et aux susdits bayles, le 1er juillet 1679, à se dessaisir et à rendre compte des revenus de cet hôpital depuis 29 ans.

Le but que s'était proposé Louis XIV, pour mettre un terme aux dilapidations et aux dangers que faisait courir à la tranquillité du royaume le vagabondage, n'étant pas atteint par cette mesure ; les secours aux officiers et militaires ayant été illusoires, ou, du moins, de très peu d'utilité ; le roi, par un nouvel édit, désunit de l'ordre du Mont-Carmel et de Saint-Lazare les léproseries, maladreries, hôpitaux qui lui avaient été donnés, et conçut l'idée de créer des *hôpitaux généraux* pour y recevoir les malades pauvres, les mendiants et vagabonds, et les enfants trouvés. Il conçut en même temps le projet de l'hôtel des Invalides, où seraient reçus les nobles débris des défenseurs de la patrie.

Nous reviendrons aux suites de cet édit, qui modifia profondément l'organisation hospitalière et lui en substitua une nouvelle, plus avantageuse sous tous les rapports, et qui, à elle seule, immortaliserait le règne de ce grand roi.

En 1670, nous trouvons un reçu fait par *Monmoton*, syndic ; François Dalas, Léonard Cabaniols, bayles modernes de la confrérie des pèlerins de Saint-Jacques ; ainsi que par Charles Valette, Amans Calmette, Bernard Lacroix, Jean Fouga, François Imbert, Jean Dominici, Louis Lavialle, d'une somme remise par M. de Maynard, neveu de M. d'Austruy.

En 1693, un autre reçu donné par Monmoton, syndic, sous l'approbation du Père Jacques Talet, et par Gaillard et Raymond Caulet, bayles modernes, ainsi que par Lacroix, marchand; Jacques, prébendier; Jean Louet, Bernard Sabathier, Louis Laviallo, Jean Boscus, teinturier; Jean Dominici et Jean Geniez, cordonniers; Boularot, tisserand; Amans Sandral, tous membres de la confrérie, d'une somme d'argent et d'un livre couvert de basane noire, où sont tous les titres de l'hôpital. (Ce volume, qui devait être intéressant, a disparu.)

Autre acte en 1675, dans lequel figurent Bernard Lacroix et Chausit, bayles *modernes*; Gaillard, Bro et Raymond Carles, bayles *vieux*; Jacques Pie, Jean Laur, Louis Laviallo, Jean Boscus, François Dalas, Bernard Sabathier, Jean Geniez, Amans Sandral, membres de cette confrérie.

Par suite de l'ordonnance de Louis XIV, commission fut donnée, en août 1668, par messire Pellot, intendant de la généralité de Montauban, à M. Guillaume Rodat, président du présidial de Rodez, d'aller visiter les hôpitaux de cette ville, de faire connaître aux syndics et administrateurs l'intention du roi de créer un *hôpital général*, de leur demander l'acte de fondation, le montant des revenus de ces hôpitaux, maladreries, aumônes publiques et autres biens d'Eglise qui pouvaient y être unis, et de recevoir en même temps leurs déclarations sur leur opposition ou consentement.

En conséquence de cette délégation, Guillaume Rodat convoqua, le 1er septembre, par-devant Mgr l'évêque de Rodez, MM. Jean de Cat, chanoine, grand chantre de la cathédrale; Amans Gibron, doyen des conseillers de la sénéchaussée et présidial; Bernard Jouery, aussi conseiller; Rognoult, grand-vicaire, et plusieurs autres notables et habitants de la ville. Ce magistrat leur fit part de la commission dont il était chargé et de l'objet de cette convocation.

Le 2 septembre, il se rendit, en compagnie des consuls, à l'hôpital de Notre-Dame-du-Pas, et demanda à M. Jean *Julien*, dom de cet hôpital, le titre de l'acte de fondation, le montant du chiffre des revenus, les charges qu'il avait, et s'il consentait à ce qu'il fût réuni à l'hôpital général, que le roi était dans l'intention d'ériger. La réponse du *dom* fut affirmative.

Le 10, il se rendit à l'hôpital Sainte-Croix et adressa les mêmes questions à Bernard Jouery, qui en était le syndic. Même adhésion.

Le 15, il alla visiter l'hôpital Sainte-Marthe, qui était sous la direction des pères jésuites. Le père Bauger, recteur de la maison, donna aussi son consentement (1).

Le 25, il alla visiter l'hôpital Saint-Jacques, dont *Monmoton* était syndic. Sur la demande de M. Rodat : quels sont les actes de fondation? quels sont les revenus et les charges de cet hôpital? le syndic répond qu'aux clauses du testament de M. le chanoine d'Austruy, dont il était le successeur, il s'opposait à toute réunion, ainsi que son prédécesseur l'avait défendu expressément, et qu'au reste, l'hôpital donnait tous les ans l'hospitalité à *deux mille* pèlerins et recevait des malades.

Le 23 septembre, ce magistrat se rendit à la léproserie Saint-Cyrice. Cet hôpital n'était plus qu'une vieille masure, où il trouva trois personnes, un homme et ses deux sœurs, se disant lépreux, et qui n'avaient pour revenu qu'un champ voisin contenant cinq arpens environ ; ne rapportant que 26 livres, de sorte qu'ils étaient obligés d'aller mendier, disaient-ils, une partie de l'année.

Le 24, il se rendit à la léproserie de Combe-Crose (elle était au haut de la côte du Monastère se dirigeant vers Sainte-Radegonde). Cette maison renfermait dix lépreux ou soi-disant lépreux : le père, la mère et huit enfants en bas-âge, et avait un jardin, un pré, donnant deux chars de foin, et un petit champ joignant. Sur la demande faite par les consuls du Bourg, il était dit : qu'ils jouissaient de divers fiefs de droit de champart, consistant en la prise de la 4ᵉ gerbe sur les villages de Foulloubous, Bajaguet, Ronnac et Toisac, et d'une rente de 12 livres sur le sieur de La Boissonnade, ce qui portait les revenus à 120 livres.

(1) Me proposant de donner plus tard l'histoire de l'*hôpital général*, j'entrerai alors dans des détails sur la position, les revenus et les charges de ces trois hôpitaux qui y furent incorporés.

Le 29 septembre 1668, M. Guillaume Rodat convoquait, dans la grande salle du présidial, les officiers dudit siége, les chanoines et les bayles du Chapitre, les officiers de l'élection, les consuls de la ville, le *dom* du Pas, le corps des avocats, les bourgeois, procureurs et marchands, et ce magistrat leur exposait l'intention du roi de créer un hôpital général pour y recevoir les malades, les mendiants et les enfants trouvés.

Ce magistrat leur faisait part du résultat de son enquête, des adhésions et oppositions des intéressés, afin que le projet du roi pût être mis promptement à exécution.

L'assemblée donna son consentement à l'union des hôpitaux de *Notre-Dame-du-Pas*, de *Sainte-Croix*, de *Sainte-Marthe;* elle jugeait à propos d'y joindre les aumônes publiques, mais ne voulait pas que l'*hôpital Saint-Jacques* y fût annexé, ainsi que les léproseries, à cause de leurs grandes charges, de leurs faibles revenus, et pour ce qui concernait l'*hôpital Saint-Jacques*, respecter les intentions de M. le chanoine d'Austruy, principal bienfaiteur de cet hôpital.

Voilà, si je ne me trompe, deux nobles caractères, M. Guillaume Rodat, que les mémoires du temps m'ont appris à connaître comme un des magistrats les plus recommandables qui aient occupé le siége du présidial de Rodez, se livrant aux plus petites investigations avant de se prononcer, et l'humble marchand qui ne craint pas de refuser à l'homme investi de la confiance et d'une haute mission de par le roi, qui résiste plus tard aux sommations du commandeur de l'ordre de Saint-Lazare et en appelle au roi lui-même, en compagnie de *Louet* et *Bou*.

Le 20 mars 1670, messire Gabriel de Paulmy, évêque de Rodez, convoqua Jean de Villaret, avocat au parlement, premier consul de la ville et du Bourg de Rodez; Raymond de Bonald, commissaire et avocat du roi au sénéchal; Guillaume de Rodat, président en la sénéchaussée; Amans Gibron; noble Antoine de Vigouroux de Barri; noble Jean de Boissier, Bernard Jouery, magistrats présidiaux; Valentin Jouery, receveur; messire Pierre Julien, *dom* de l'hôpital du

Pas ; Jean Briané, Jean Courtois, conseillers élus en l'élection de Rodez ; Pierre Maynard, avocat en parlement ; Etienne Carlier, bourgeois ; Antoine Landes, aussi bourgeois ; Jacques Marcillac, procureur audit siége ; Antoine Brassat et Antoine Vergnes, aussi marchands, pour leur exposer les intentions du roi au sujet de la création d'un hôpital général, et de l'incorporation des autres hôpitaux de la ville et des aumônes publiques pour aider à l'entretien dudit hôpital.

Il est certain que l'état des hôpitaux était intolérable ; tout le monde pouvait l'apprécier ; le rapport de M. Rodat ne laissait rien à désirer. Le grand jour s'était fait sur la mauvaise direction, le gaspillage du bien des pauvres ; et cependant voyez de quelles sages précautions ne se sont pas entourés le premier magistrat, dans ses investigations ; l'évêque, au sujet de la délibération qui doit être prise.

C'est au grand jour, c'est en présence de toutes les notabilités de la ville, de tous les corps d'état, qui sont représentés, que l'assemblée délibère.

Lettres patentes du roi, en date du mois d'août 1676, qui ordonnent l'érection d'un hôpital général à Rodez et qui y adjoignent les hôpitaux de *Notre-Dame-du-Pas*, de *Sainte-Croix*, de *Sainte-Marthe*, ainsi que l'aumône du Chapitre de Rodez, qui fournissait, tous les jours de carême, un quintal de blé aux pauvres ; celle de Bonnecombe, qui se portait, tous les ans, à 832 setiers de blé, à laquelle se joindront plus tard 50 autres setiers.

Tous les consuls, syndics, bayles, réunis dans la grande salle du présidial pour donner leur avis, pensèrent que l'aumône du prieur de Saint-Amans, qui se faisait annuellement le samedi avant la fête de Noël ; la charité qui se baille par les possesseurs de la place d'Hortolès, le jour de l'Ascension ; celle des héritiers et successeurs de Montferrier, qui se donne le dimanche suivant ; la fondation faite par feu Mgr Mangin, évêque de Salone, pour vêtir certaines personnes le jour de la Toussaint, et autres aumônes publiques, devaient être incorporées à l'hôpital général.

Les revenus des hôpitaux ci-dessus nommés, avec les aumônes publiques, s'élevaient à 6,000 livres (1).

Le roi, par lettres patentes en date du mois d'avril 1676, ordonnait l'érection d'un hôpital général à Rodez et y adjoignait les hôpitaux et les aumônes dont nous avons parlé.

En 1698, paraissait l'ordonnance royale portant organisation de l'administration des hôpitaux généraux. Les directeurs nés étaient : l'évêque, président; le premier officier de la justice, ou celui qui le représente; le procureur du roi, le maire de la ville et l'un des échevins consul. Outre ces directeurs nés, il y avait un nombre variable d'administrateurs, selon les localités; ils étaient pris parmi les principaux bourgeois notables et avaient aussi voix délibérative, mais ils n'étaient nommés que pour trois ans.

Le bureau ordinaire se réunissait une fois par semaine, ou tous les quinze jours, et l'assemblée générale devait avoir lieu une ou deux fois par an.

Jusqu'au moment de cette nouvelle organisation, applicable à tous les hôpitaux, les consuls du Bourg, avec le syndic nommé par la confrérie Saint-Jacques, gouvernaient seuls, et les habitants malades du Bourg avaient seuls le droit d'y être admis. Il suffisait de frapper à la porte de l'hôpital Saint-Jacques, en habit de pèlerin, pour y être admis. Quant aux conditions d'admission des malades du Bourg, je n'ai pu les trouver. Du reste, le nombre devait en être d'autant plus restreint que tous les corps d'état étaient érigés en confréries, avaient des ressources particulières, des corporations, et qu'il y avait, d'ailleurs, plusieurs autres hôpitaux.

Ainsi que je l'ai déjà dit, nonobstant l'arrêt de la Chambre royale, rendu en 1663, le commandeur du comité Saint-Lazare avait fait donner assignation, en 1679, au syndic Monmoton et aux bayles, d'avoir à se dessaisir de l'hôpital Saint-Jacques et à rendre compte des revenus depuis 29 ans.

(1) Le seigle était coté alors à 3 livres le setier, et l'orge à 2 livres.

Les sieurs *Monmoton* et les deux bayles appelèrent de ces nouvelles tracasseries au conseil-d'Etat privé de Louis XIV, qui rendait, le 8 mars 1696, l'arrêt suivant : « Vu, aux con-
» seils du roi, les avis du sieur évêque et comte de Rodez
» et du sieur Lambert d'Herbigny, conseiller de Sa Majesté
» en ses conseils, maître de requêtes ordinaires de son hô-
» tel, ci-devant intendant et commissaire en la généralité
» de Montauban, sur l'emploi à faire, au profit des pauvres,
» des biens et revenus des maladreries et hôpitaux y men-
» tionnés du diocèse de Rodez, en exécution de l'édit et des
» déclarations des mois de mars, avril et août 1693 ; ouï le
» rapport du sieur de Fourcy, conseiller d'Etat, et suivant
» l'avis des sieurs commissaires députés par Sa Majesté
» pour l'exécution desdits arrêts et déclarations; le tout
» considéré, le roi en son conseil, en exécution de l'édit
» et déclaration, a ordonné et ordonne que l'*hospitalité sera*
» *rétablie pour les pauvres malades en l'hôpital Saint-Jacques*
» *de la ville de Rodez*, auquel Sa Majesté unit les biens et
» revenus des maladreries de *Combe-Crose* et du *faubourg*
» *Saint-Cyrice* de ladite ville, pour en jouir, et ceux dudit
» hôpital, à commencer du 1er juillet 1693, et être lesdits
» revenus employés à la nourriture et entretien des pauvres
» malades qui seront reçus audit hôpital, à la charge de sa-
» tisfaire aux prières et services de fondation dont peuvent
» être tenus ledit hôpital et maladreries, et sera ledit hôpi-
» tal régi, gouverné par des administrateurs de la qualité
» portée par les ordonnances et suivant les statuts et règle-
» ments qui seront faits; et, en conséquence, ordonne Sa
» Majesté que les titres et papiers concernant ledit hôpital
» et maladreries, biens et revenus et dépendances qui peu-
» vent être en possession de M. Jean-Baptiste Macé, ci-de-
» vant greffier de la Chambre royale, aux archives de l'ordre
» Saint-Lazare, et entre les mains des commis ou préposés
» par le sieur intendant et commissaire de la généralité de
» Montauban, et même celles des chevaliers dudit ordre,
» leurs agents, commis et fermiers, ou autres qui jouissaient
» desdits biens et revenus avant l'édit du mois de mars

» 1693, soient délivrés aux administrateurs dudit hôpital,
» à se faire les dépositaires contraints par toutes voies. Ce
» faisant, ils demeureront bien et valablement déchargés,
» et pour l'exécution du présent arrêt, seront toutes lettres
» nécessaires expédiées.
» Fait au conseil-d'Etat privé du roi, tenu à Paris,
» le 30 mars 1696. »

*Lettres patentes sur arrêt portant rétablissement d'hospitalité en l'hôpital Saint-Jacques de la ville de Rodez.*

« Louis, par la grâce de Dieu..... donnons en mandement
» à nos amés, féaux et conseillers..... que lesdits adminis-
» trateurs de l'hôpital Saint-Jacques de ladite ville et ceux
» qui leur succèderont en ladite qualité, possèdent paisi-
» blement et perpétuellement, cessant et faisant cesser tout
» trouble et empêchement, nonobstant tous édits, décla-
» rations et arrêts de règlement à ce contraires, auxquels
» nous avons dérogé et dérogeons par cesdites présentes.
» Donné à Versailles, au mois de décembre 1696.

» Louis, *signé*. »

Ces lettres patentes furent enregistrées, ainsi que l'avis du conseil-d'Etat privé, en la cour du parlement de Toulouse, le 6 mars 1697.

La première réunion de la nouvelle administration eut lieu le 6 février 1699, en la salle de l'hôpital Saint-Jacques, sous la présidence de Messire Paul-Philippe de Lusignan, évêque et comte de Rodez, et MM. Etienne de Séguret, président du présidial ; de Boissière, sieur de La Selve ; Sicard, Marion, de Roquette, consuls ; de Lagorrée, procureur du roi ; Laroque et Neuve-Eglise, directeurs.

Dès ce moment, l'Hôtel-Dieu, hôpital Saint-Jacques, a une nouvelle existence. On sait que l'objet principal de son organisation est de recevoir les artisans malades de *toute* la ville et que la maison des pèlerins ne sera plus qu'une annexe ; et l'on voit aussitôt une foule de donations se succédant les unes aux autres, tant la bonne harmonie existait dans les différentes classes de la société.

Une délibération de l'administration de l'Hôtel-Dieu voulait que les noms des bienfaiteurs fussent inscrits sur les murs de la sacristie; je ne sais si ce projet, qui devrait être mis à exécution dans toutes les salles de réunion de nos administrations hospitalières, ou peut-être encore mieux dans le vestibule de tous nos hôpitaux, eut lieu, ou si les hommes de 93 l'effacèrent.

Je reproduis cette liste des vrais amis du peuple, bien persuadé que tout le monde la lira avec plaisir, car elle prouvera que les services rendus ne sont pas perdus et ne doivent pas être oubliés :

En 1702, M. de Balza donne une somme de cinq cents livres. M. Landes, prêtre, donne une rente de 55 sols 6 deniers.

En 1703, M. de Rey donne 200 livres ; M. de Séguret, 500 livres ; M. Jouery, 200 livres. Pierre Laquerbe donne, par égale part, tout son bien à la Fraternité de Saint-Amans et à l'hôpital Saint-Jacques.

En 1707, constitution d'une rente de 1,000 livres au profit de l'Hôtel-Dieu, par M. Diergue, avocat au parlement.

En 1710, acceptation d'une donation faite par M. Amans Courtois, curé d'Arvieu, de son avoir et de tous ses meubles, et principalement de ceux de sa chambre, dont il fait l'énumération avec amour, pour servir à meubler une chambre dans l'Hôtel-Dieu pour y recevoir les ecclésiastiques ou autres personnes de distinction qui, étant malades, voudraient y être servies; à la condition par elles de dire, matin et soir, un *Pater* et un *Ave* pour le repos de son âme.

En 1712, donation par M. Rochet, chanoine, de sommes à lui dues.

En 1713, donation de 100 livres à l'Hôtel-Dieu par M<sup>lle</sup> Lavernhe. Arrangement d'après lequel le sieur Lenormand, chanoine, grand-chantre de la cathédrale, pourra présenter, tous les ans, à l'Hôtel-Dieu, deux pauvres artisans, pour y être soignés jusqu'à entière guérison. Donation d'une somme de 1,200 livres par M. Monmoton, curé de Saint-Amans.

En 1714, donation de 1,100 livres par M. de Fontanges, et d'une somme de 100 livres par M. Maurel, marchand.

En 1715, don d'une rente de 600 livres par M$^{gr}$ l'évêque de Cominges, et d'une somme de 300 livres par M. de Neuve-Eglise.

En 1717, M. Bancarel, consul de la cité, expose qu'il a entre ses mains une somme de 2,500 livres, provenant de divers legs ou charités. Rente de 15 livres constituée par M$^{lle}$ Raujol. Remise faite, par M. Gaffard, prêtre, d'une somme de 114 livres, provenant d'une charité secrète.

En 1718, le sieur de Cardinet, premier consul de la cité de Rodez, remet une somme de 2,000 livres, provenant de dons ou legs faits à l'Hôtel-Dieu.

En 1720, don fait à l'Hôtel-Dieu d'une somme de 1,400 livres par M. Ferrier, chanoine, en sus des 8,000 livres laissées par testament.

En 1723, don de M. Courtois, de Rodez, conseiller du roi, d'une somme de 20,000 livres. Rente de 150 francs par M. Sicard et Marianne Azémar, mariés.

Le bureau, qui avait déjà reconnu, en 1715, la nécessité de faire construire un grand bâtiment pour pouvoir loger plus commodément les malades de l'un et de l'autre sexe, charge, en 1728, PARRATTE, architecte de St-Geniez, de faire un plan ou devis.

En 1730, les directeurs assemblés, auxquels ont été adjoints plusieurs notables de la ville, M. Rous, premier consul de la cité, disait : « Personne n'ignore dans Rodez
» l'utilité que cette ville retire de l'établissement de l'Hôtel-
» Dieu, depuis qu'il a plu à Sa Majesté, par ses lettres
» patentes, dûment enregistrées au parlement, y unir l'hô-
» pital Saint-Jacques et les maladreries de *Combe-Crose* et
» *Saint-Cyrice*. Diverses personnes de piété y ont fait des
» dons considérables, et quoique ce soit une maison nais-
» sante, elle ne laisse pas d'entretenir les artisans malades

» de cette ville par la bonne économie qu'on y fait de ses
» revenus.... L'assemblée propose d'agrandir et de fermer
» la cour de cet hôpital, parce que Sa Majesté a bien voulu
» permettre aux directeurs et administrateurs de se servir
» des murailles de la ville où il aboutit, de les percer et
» de faire tout ce qui sera convenable pour l'embellissement
» et la commodité de cette maison. » Louis XV donnait en
même temps à l'Hôtel-Dieu toute la partie des fossés de la
ville qui était en face. Le plan de Parratte était adopté; on
abattait les maisons existantes, à l'exception de celle dite
*maison des pèlerins*, qui était à droite en entrant, et l'on
construisait l'Hôtel-Dieu tel qu'il est aujourd'hui.

Présents et délibérants MM. Séguret, juge mage, président; Rous, consul; Merviel, consul; Taurines, consul; Brianne, curé de la cathédrale; Lavernhe, avocat du roi; Lagarrigue, Rodat, curé de Saint-Amans; Guirbaldy, prieur de la Magdelaine; Bancarel, procureur du roi; Balza, Solanet, Cardinet, avocat du roi; Guirbaldy, conseiller du roi; Dablanc, directeur.

En 1730, M<sup>lle</sup> de Verdu donne 1,200 livres.

En 1732, Messire Lenormand, conseiller du roi, donne 400 livres pour servir à la subsistance et à l'entretien des pauvres malades de l'Hôtel-Dieu.

En 1734, legs de 1,000 livres par M. Vigouroux, curé de Comagny.

En 1744, don d'une somme de 4,000 livres, à condition d'une rente viagère de 200 livres.

En 1747, ordonnance du roi Louis XV, confirmant les priviléges de l'Hôtel-Dieu et lui en accordant de nouveaux. Voici le texte de cette ordonnance :

« Louis, par la grâce de Dieu roi de France et de Navarre, à tous, présents et à venir, salut. Les syndics trésoriers de lH ôtel-Dieu Saint-Jacques de la ville de Rodez, nous ont très humblement fait représenter que, par arrêt du conseil du trentième mars 1696, le feu roi, notre très honoré seigneur et bisaïeul, aurait rétabli l'hospitalité dans cette maison pour les pauvres malades de la ville et y aurait, de plus, uni les biens et revenus des maladreries de Combe-Crose et de Saint-Cyrice, situées aux environs de Rodez; qu'au mois de décembre de la même année 1696, il aurait été encore accordé des lettres patentes à cet Hôtel-Dieu pour la même réunion et incorporation des biens, revenus desdites maladreries, aux fins d'être employés à la nourriture et entretien des pauvres malades de la ville; mais que ces lettres patentes ne portant pas expressément que ledit Hôtel-Dieu pourra recevoir des dons et legs de plusieurs particuliers qui en ont déjà fait et d'autres qui sont dans l'intention d'en faire, craignent qu'ils ne soient déclarés nuls; que, d'ailleurs, le revenu des maladreries unies à cette maison ne peuvent suffire pour entretenir tous les pauvres malades, et qu'il est de l'intérêt public que ledit Hôtel-Dieu ne soit pas ruiné par les procès que pourraient lui intenter les successeurs de ceux qui ont déjà fait des dons, legs et pensions, ou qui pourraient en faire à l'avenir, ce qui oblige les exposants à nous supplier très humblement de vouloir bien accorder audit Hôtel-Dieu de nouvelles lettres patentes en ampliation de celles du mois de décembre 1696.

» A ces causes, nous avons, de notre grâce spéciale, pleine puissance et autorité royale, confirmé et approuvé, et par ces présentes, signées de notre main, confirmons et approuvons l'établissement de l'Hôtel-Dieu Saint-Jacques de la ville de Rodez. Ce faisant, validons autant que de besoin tous les dons, legs, pensions, et tous actes faits jusqu'ici en faveur dudit Hôtel-Dieu; faisons très expresses inhibitions et défenses à toutes personnes, de quelque qualité et condition qu'elles soient, de troubler les exposants et autres administrateurs dudit Hôtel-Dieu en la perception et jouissances des dons, legs, pensions viagères et autres rentes constituées, et généralement de tous les revenus dont ledit Hôtel-Dieu jouit. Permettons auxdits administrateurs de recevoir à l'avenir tous les dons, pensions, rentes constituées et généralement toutes sortes de gratifications en biens fonds, meubles et effets, ou en argent, soit par testament, donations entre vifs, à cause de mort ou autrement, suivant et conformément aux ordonnances royales, et en faire les acceptations, reconnaissances et poursuites nécessaires, transiger, compromettre, composer et accorder sur tous les procès et différends qui peuvent être venus ou le seront à l'avenir sans exception ; comme aussi validons dès à présent les compromis, transactions et compositions précédemment faites. Donnons mandement à nos amés et féaux conseillers, les gens tenant notre cour de parlement de Toulouse, que ces présentes ils fassent enregistrer, et de leur contenu jouir et user lesdits administrateurs dudit Hôtel-Dieu Saint-Jacques de la ville de Rodez, pleinement, paisiblement et perpétuellement, cessant et faisant cesser tous troubles et empêchement contraire, car tel est notre plaisir, et afin que ce soit chose ferme et stable à toujours, nous avons fait mettre notre scel à cesdites patentes.

» Donné au camp de Hamal, au mois d'août, l'an de grâce 1747, et de notre règne le 32e.

» *Signé* : Louis. »

L'Hôtel-Dieu recevait une organisation nouvelle en 1781 ; elle avait trait aux charges imposées aux administrateurs, aux médecins et à la réception des malades.

L'article 4 voulait que tous les administrateurs, à tour de rôle, fussent tenus d'aller, au moins une fois par semaine, faire une visite à l'Hôtel-Dieu, pour s'enquérir de ce qui se passait et voir si les malades étaient bien soignés sous tous les rapports. L'art. 12 disait : Il ne sera reçu à l'Hôtel-Dieu que les malades habitants de la ville ou dans les villages qui dépendent d'icelle, soit domestiques ou autres personnes pauvres, et n'en seront exclus que les mendiants ou ceux qui seraient attaqués de maladies incurables.

Le billet d'entrée donné par le médecin, sera approuvé par le président du bureau et remis ensuite à la Supérieure.

Les médecin et chirurgien seront tenus de faire une visite matin et soir.

Signé *Vaysse*, lieutenant du maire; *Anthoine, Bertrandi, Brassal*, consuls; *Puech*, bailli; *Cahors*, prieur de la Magdalaine; *Campmas*, curé de Saint-Amans; *Jouery*, chanoine; *Labit*, procureur; *Boisse*, procureur du roi; *Monturet*, syndic.

Les Sœurs de Macon, dites Religieuses du Saint-Sacrement, furent appelées alors pour desservir l'Hôtel-Dieu, ayant pour Supérieure la Sœur Jacotot.

En 1783, don par M. Jouery d'une somme de 2,000 livres.

En 1785, don de 10,000 livres par M. Ortholès, prêtre, payables après la mort de son frère, qui était également prêtre (1). Don d'une somme de 201 livres par Mlle de Brussac.

En 1789, donation faite, par égale part, à l'hôpital et à l'Hôtel-Dieu, du domaine de Langlade, par Mlle Ichié.

La *maison* dite *des pèlerins*, située à droite en entrant, menaçant ruine, *Candieu* fut chargé de faire un plan de construction, et la résolution fut prise de procéder le plus tôt possible à sa démolition.

L'Hôtel-Dieu de Rodez jouissait, en 1789, d'un revenu d'au moins *dix mille livres*, qui équivaudrait aujourd'hui à *vingt-quatre mille livres*.

Voici l'énumération des biens et maisons de l'Hôtel-Dieu :

Une maison près les prisons, — une maison près les Pénitents bleus, — une maison rue de la Barrière, — pré Mély, — pré et champ de Saint-Cyrice, — pré de la Boudoumie, près le moulin de la Gasquerie (2); — devèze et champ de Combe-Crose, — le domaine de Langlade, — des vignes à Marcillac et à La Comtie, près Valady; — une locaterie à Saint-Austremoine.

Lui payaient des rentes : l'hôpital général de Rodez et un

---

(1) En 1792, le frère de ce bienfaiteur des artisans, qui déjà avait versé une somme de 4,000 livres, qu'il aurait pu garder devers lui, passait sur la place du Bourg. Un jacobin s'approche de ce vieillard, enlève sa perruque, la sauce dans la boue et la lui remet sur la tête.

(2) On donnait, au XIVe siècle, le nom de *Boudoumie* aux hôpitaux des pestiférés. Rodez en avait deux, un pour la Cité, sur la route de Villefranche, où l'on arrivait par la ruelle de la *Boudoumie*, au lieu de la *Boudoune*, nom qu'elle porte, et un pour le Bourg.

certain nombre de personnes, que je crois inutile de désigner, et qui, pour la plupart, se libérèrent au moyen d'assignats.

L'Hôtel-Dieu avait encore des capitaux et rentes qui lui étaient dûs par la *nation*, à la place des corporations supprimées ou représentées par elle. Ainsi, le présidial de Rodez, le Chapitre de Saint-Antonin, le Chapitre de Conques, le collége de Rodez, les bernardins d'Olbonne, les Etats du Languedoc, la province de la Haute-Guienne, la commune de Marcillac, les consuls du Bourg, à Rodez, etc., lui payaient des rentes qui s'élevaient à *quatre mille cinq cent soixante-seize francs*, pour un capital de *cent quatre mille sept cent soixante-seize francs*.

En 1790, les administrateurs ont été changés; c'est un tout nouvel ordre qui va régir les hôpitaux. Par arrêté du bureau de l'Hôtel-Dieu, le jardin bas, fait au moyen des fossés de la ville cédés par Louis XV, est comblé pour être converti en promenade publique. Ce projet devait être mis à exécution quelques années auparavant; mais la promesse de faire indemniser l'Hôtel-Dieu par la ville n'eut pas de suite. On prit, mais on ne donna aucune compensation.

En 1791, ordre de faire démolir la tour qui faisait partie des bâtiments, ainsi que toutes celles qui étaient sur les remparts de la ville; expulsion des Sœurs de Macon; elles sont remplacées par une demoiselle Chauvet, par suite de la délibération prise par Deberthier, évêque constitutionnel; les officiers municipaux et Bès, prêtre, régisseur de St-Amans.

En 1792, destitution de M. Maysonabe, médecin, à cause de ses opinions.

En l'an IV, l'Hôtel-Dieu prend le nom de *l'Hôpital-de-l'Humanité*. Par l'effet du décret de la Convention, portant suppression des droits féodaux, l'Hôtel-Dieu perd encore le revenu de 10 setiers de froment, de 37 setiers de seigle, de 2 setiers d'avoine, de 3 pipes de vin, de plusieurs sommes en numéraire, et plusieurs de ses débiteurs se libèrent en assignats.

La Convention, en déclarant *nationaux* les biens des hôpitaux, n'a pas décrété le mode de secourir ces établissements. Les administrations ne sont allées à leur secours qu'à force d'importunité et dans le plus extrême besoin, de sorte que cet hospice a consommé toutes ses avances et approvisionnements. Il a bien recouvré le droit de toucher ses revenus; mais, à l'époque où la récolte a été levée, la plus grande partie, qui était en rentes constituées, sur lesquelles la nation est comprise pour 3,949, n'a pas fourni la moindre ressource. Aussi l'administration municipale, formée en bureau, propose de prendre des moyens pour maintenir cet établissement et de fixer provisoirement le maximum des lits et des malades qu'il peut entretenir.

Dans un aperçu de la situation de l'Hôtel-Dieu, *Hôpital de l'Humanité*, fait en l'an XII et envoyé à l'administration par les administrateurs, il était dit : « Cette maison,
» établie par les habitants de la commune de Rodez pour y
» recevoir les artisans indigents, ouvriers et domestiques
» en maladie seulement, avait commencé avec une faible
» dotation ; mais plus tard les habitants, voyant son uti-
» lité et le secours dont cette maison était à la ville, se sont
» empressés d'en accroître les ressources, au point qu'à
» l'époque de la Révolution, elle jouissait d'un revenu
» d'environ dix mille francs. La Révolution a singulière-
» ment frappé sur cette maison, en ce que la majeure partie
» des revenus était établie sur des corporations, Etats du
» du roi, Etats du Languedoc, de Haute-Guienne.

» Les revenus se trouvent donc réduits à 4,424 fr.; on a
» été forcé de réduire le nombre des lits qui avaient été
» portés à 30, et on a aujourd'hui de la peine à y entrete-
» nir journellement 14 malades. Si cette maison s'est sou-
» tenue depuis la Révolution avec un si faible revenu, on
» ne peut l'attribuer qu'à la grande réforme faite dans les
» dépenses, et à l'impossibilité de réparer la maison et d'a-
» cheter du linge. »

Le 29 et le 30 juin 1804, les Sœurs Andurand et Magdelaine, de la maison de Nevers, entraient dans cet Hôtel-Dieu, peu d'années avant si florissant et alors si misérable.

Heureusement, le bras de la charité n'avait pas été raccourci par cette nouvelle espèce de philanthropes qui avaient pillé l'Hôtel-Dieu, créé pour venir en aide aux ouvriers malades, et j'enregistre avec bonheur une nouvelle série de bienfaiteurs.

En 1806, Pierre Galland fait une donation de 5,044 fr.

En 1811, Jacques Capelle lui donne 600 fr.

En 1817, Guillaume de Balzac-Cayla donne 2,800 fr., sous la condition que *l'intérêt de cette somme, exactement payé depuis 1806, cessera d'être exigible, si la réunion de l'Hôtel-Dieu à l'hôpital venait à s'effectuer.*

En 1818, don, par M<sup>lle</sup> Fabre, de tous ses biens *aux hospices* de Rodez ; — don aux hospices d'une somme de 400 fr., à la condition de faire dire tous les ans une messe ; — don de 2,000 fr. aux hospices de Rodez par le sieur Boissier ; — don d'une rente de 45 hectolitres 24 litres 80 cent. de blé, d'une valeur environ de 18,000 fr., aux hôpitaux de Rodez par Jean-François Cassagnes.

En 1820, don de 400 fr. fait à l'Hôtel-Dieu par Jeanne Boudou ; — autre de 600 fr. par Suzanne Andurand ; — rente de 100 fr. par M. de Lahaye.

En 1823, don de 600 fr. par M<sup>lle</sup> Dijols ; — autre de 1,000 fr. par Antoine Laporte.

En 1825, don de 1,000 fr. par Jean-Baptiste Issanchou, chanoine.

En 1828, don de 500 fr. par Charlotte Salgues ; — don de 600 fr. par Joseph Astorg.

En 1830, don de 1,000 fr. par M. Eloi Lautard, ancien avoué.

En 1831, un projet de translation de l'Hôtel-Dieu à l'hôpital général allait être mis à exécution, malgré les réclamations des ouvriers et une pétition adressée à M. le préfet, quand une émeute vint y mettre obstacle. Je ne veux pas me faire juge de ce genre de réclamations, parce que je n'ai jamais applaudi plus aux *émeutes* qu'aux *révolutions*. Quoi qu'il en soit, l'émeute fut triomphante, l'opinion publique se prononça en faveur des ouvriers, et ce projet ne se réalisa pas,

En 1834, création d'une école au sein de l'Hôtel-Dieu ; peu d'années après, il est envahi par un orphelinat. Cependant, la crainte que cette malencontreuse idée ne fût pas abandonnée nuisit à cet établissement, qui n'avait alors que 7,200 fr. de revenu, et il nous faut arriver à 1839 pour voir un nouveau don de 1,000 francs fait par M. Dornes, juge.

En 1843, don d'une rente annuelle et perpétuelle de 100 francs aux hôpitaux de Rodez, par égale part, et en sus une somme de 8,000 fr. par Mlle Thérèse Hospital.

En 1847, don de 3,400 francs aux hospices de Rodez par Antoine Souques ; — don de 800 fr. par Mlle Desarmand.

En 1848, don secret de 8,000 fr. destinés à l'agrandissement de la salle des hommes à l'Hôtel-Dieu. Je pense qu'on veut parler de l'héritage de la veuve Lagarrigue ; — 300 fr. donnés à l'Hôtel-Dieu par Vernier Laurens.

En 1849, don de 1,000 fr. à l'Hôtel-Dieu par Mlle Baldit.

En 1853, don de 120 fr. par Pègues, de Marcillac.

En 1855, don de 200 fr. par Mlle Bousquet.

En 1857, don de 500 fr. par Mgr Croizier.

En 1858, don de 500 fr. par Boyer, cordonnier.

En 1859, don de 300 fr. par Mlle Viguier, du faubourg ; — don de 500 fr. par M. Grailhe.

En 1862, il y avait environ 160 ans qu'un évêque de Rodez, Gabriel de Voyer de Paulmy, était allé prendre la défense des ouvriers de la ville devant le conseil du roi, et son intervention n'avait pas peu aidé à faire rétablir l'hospitalité en l'hôpital Saint-Jacques. Sous l'administration ferme et vigilante des évêques qui s'étaient succédé sur le siége de Rodez, l'Hôtel-Dieu avait acquis cet état prospère que j'ai fait connaître.

Par suite de la conversion des rentes du 3 au 4 1/2, cet établissement, appauvri par la révolution, n'aurait pu que très difficilement payer la soulte, qui s'élevait à *cinq mille francs*. Cette somme aurait gêné et diminué les ressources de cette maison hospitalière, si Mgr Delalle n'avait pris à sa charge cette dépense, avec cette générosité qu'il met à aider toutes les bonnes œuvres.

En 1864, l'Hôtel-Dieu vient d'entrer en jouissance d'un bien d'environ 1,000 francs, qui lui avait été donné par Carcenac, du Monastère, en 1843.

Grâce à tous ces dons que je viens d'énumérer, l'Hôtel-Dieu, qui, en 1831, n'avait que 7,200 fr. de rentes, en possède au moins 8,000 en ce moment.

J'ai compulsé avec le plus grand soin tous les titres mis à ma disposition, avec une rare complaisance, par M. Affre, archiviste du département, qui a bien voulu aussi me venir en aide pour lire certaines pièces anciennes, illisibles pour moi, à cause de mon peu de connaissances en paléographie.

Il résulte de ce travail, quelque incomplet qu'il puisse être, que l'incorporation de l'Hôtel-Dieu à l'hôpital général serait non-seulement une mesure désastreuse, mais une *expoliation*, une *véritable* confiscation. Je crois avoir assez prouvé que cet établissement hospitalier fut rétabli par lettres patentes de Louis XIV et de Louis XV, *en faveur des artisans malades de Rodez*, et que les dons faits à cette intention, soit avant, soit après la Révolution, ne peuvent laisser le moindre doute à cet égard. L'exposé de la situation de l'Hôtel-Dieu, fait en 1730 par M. Rous, premier consul de la cité, et le mémoire adressé à l'administration, après la Révolution, par M. Arsaud, viendraient, au besoin, confirmer ce qui ne doit plus être un doute pour personne.

Restent maintenant deux grandes questions à résoudre :
1° L'intérêt bien entendu des ouvriers de Rodez demande-t-il, exige-t-il, qu'on réunisse les deux hôpitaux existants ?
2° L'Hôtel-Dieu, dans l'état où il est, répond-il aux besoins de la population et à l'intention des donateurs ? Ne serait-il pas urgent, au lieu de l'incorporer à l'hôpital, de détruire les abus qui le dévorent ?

J'ai dit dans un autre opuscule intitulé : *Document pour servir à l'histoire des hôpitaux et autres établissements charitables ayant existé ou existant en Rouergue en 1790*, que l'incorporation ou annexion des hôpitaux, maladreries, léproseries, opérée sous Louis XIV, en un seul hôpital connu sous le nom d'*hôpital général*, avait été dans l'intérêt des populations et une mesure de bonne administration. Les documents que j'ai eu à compulser, pour faire l'histoire de l'hôpital Saint-Jacques, *Hôtel-Dieu* de Rodez, ont pleinement confirmé mes opinions à cet égard.

Je disais aussi qu'on aurait dû s'arrêter là et ne pas détruire plus tard les hôpitaux existant dans les petites villes et dans les chefs-lieux de canton et auxquels Louis XIV, pour leur donner plus d'aisance, avait attribué les léproseries existantes dans ces localités. Il y avait toutes sortes d'avantages à ne pas rendre partout et toujours les campagnes tributaires des villes. *L'émigration rurale*, qui devient tous les jours un péril de plus en plus menaçant pour la société, prouverait, à elle seule, que j'étais dans le vrai.

Mon travail sur les *hôpitaux cantonnaux*, sur leur organisation, sur les moyens de les créer et de les alimenter, a eu l'adhésion, si flatteuse pour moi, d'un homme dont le nom fait autorité dans les matières d'économie charitable (M. le vicomte de Melun). Plusieurs arrêts du conseil d'Etat, rendus dans ces dernières années, prouvent que le vent, loin d'être aux annexions des hôpitaux entre eux, est favorable aux désunions. Je ne vois pas dès-lors comment un Hôtel-Dieu, qui ne fut ni détruit ni incorporé par la révolution de 93, qui se contenta de le piller, de le voler, pourrait être détruit plus tard, malgré la volonté des testateurs, à laquelle il n'est loisible à personne de substituer la sienne.

Il me suffira de dire aux ouvriers, qui en sont les légitimes maîtres, s'ils étaient menacés d'en être dépossédés : *Adressez-vous à Napoléon III ; il ne laissera pas protester les lettres patentes de Louis XIV.*

Je n'ignore pas que des hommes profondément versés dans l'étude de l'économie charitable ont des opinions contraires à celle que je défends, et que M. Martin d'Oisy, dans son *Dictionnaire d'Economie charitable*, émet l'idée de réunir l'Hôtel-Dieu de Rodez à l'hôpital général.

Quelque déférence que j'aie pour cet inspecteur général des hôpitaux, qui m'honore de son amitié, je n'hésite pas à dire qu'il ne connaissait pas l'histoire et les conditions d'être de cet établissement charitable, quand il a émis cette idée ; qu'il ne savait pas combien nos ouvriers de petites villes mettent de différence entre un *hôpital* et un *Hôtel-Dieu*, surtout quand ils savent qu'il leur appartient.

M. Martin d'Oisy a visité l'Hôtel-Dieu en 1850; il a vu le désordre et l'encombrement produit par d'autres œuvres qui lui sont étrangères et qui le dévorent, et il a pensé qu'il n'y avait qu'un moyen d'en finir, c'était de le réunir à l'hôpital général.

Je ne saurais toutefois partager cette dernière idée. Sous le rapport médical, je dirai, avec l'*Académie impériale de médecine*, consultée sur la question de savoir si un grand hôpital est préférable à de petits hôpitaux : *petits hôpitaux et grandes salles*, et, en cela, elle est d'accord avec tous les médecins et chirurgiens qui ont étudié cette question.

Le baron Larrey, inspecteur général des hôpitaux, vient de publier une notice sur l'*hygiène des hôpitaux militaires*, qui, à ce point de vue, ne diffère pas de celle des autres établissements, et consacre son travail si remarquable à faire la guerre aux encombrements. Il donne, à l'appui de sa thèse, des arguments saisissants.

Ainsi il nous dit que, pendant la campagne de Crimée, sur un envoi de troupes de 309,268 hommes, il en est mort 67,036, plus de moitié atteints de maladies ; le typhus a fait des ravages ; *les hôpitaux étaient agglomérés*.

Pendant la campagne d'Italie, dans les hôpitaux de Milan, sur 34,000 blessés ou fiévreux, il n'en est mort que 1,400 ; pas de typhus : *les hôpitaux étaient disséminés*.

La ville de Rodez, ayant une population d'environ *quinze mille âmes*, possède deux établissements charitables : l'hôpital général, situé au Midi ; l'Hôtel-Dieu, à l'aspect du Levant, l'un et l'autre sur les boulevards extérieurs, à une distance au moins de 800 mètres. Si une épidémie se déclarait dans l'un de ces établissements, où mettrait-on les nouveaux malades ? Les laisserait-on sans secours ? De quelle ressource ne serait pas alors le second hôpital, qui peut-être aurait été préservé de la contagion par la différence d'exposition ou toute autre cause dont on ne peut se rendre compte dans les temps d'épidémie ! En 1814, la pourriture d'hôpital, à la suite de l'évacuation des soldats blessés en Espagne ou à Toulouse, se manifesta ; en 1815, il y eut plusieurs cas de typhus. Le choléra a été deux fois à nos portes. Les grands travaux qui s'exécuteront, dans un temps plus ou moins éloigné, pour établir le chemin de fer de Rodez à Millau, amèneront nécessairement beaucoup de blessés et de malades. Qui nous a dit que quelque épidémie ne se déclarera pas, un jour ou l'autre, à l'*hôpital général*, et, dès-lors, quels regrets n'aurait-on pas d'avoir détruit un second hôpital, fondé, alimenté par des donations pieuses, et de les avoir méconnues !

On dira peut-être : Mais ces services ne seront pas confondus ; le nouvel Hôtel-Dieu aura une porte à part, un concierge à part, des salles à part ; il sera tout-à-fait séparé de l'hôpital. Oui, sans doute, comme les différents appartements qui constituent une maison sont séparés les uns des autres par des murs ou des cloisons.

Sous le rapport médical, je crois avoir prouvé que cette incorporation serait un acte d'imprudence inqualifiable.

On a mis en avant d'autres questions : celle d'*économie*, d'*unité de direction*, l'impossibilité pour l'Hôtel-Dieu de pouvoir suffire, avec ses propres ressources, *à son entretien*.

La raison d'*économie* ne date pas d'aujourd'hui ; elle naquit, elle servit de prétexte quand on voulut détruire les hôpitaux de nos petites villes et des cantons, pendant le 18<sup>e</sup> siècle ; nous l'avons vue reparaître en 1831, quand, sous le mot de *translation*, on voulut détruire l'Hôtel-Dieu. On a parlé d'*unité de direction* ; mais je ne vois pas pourquoi la commission des hospices ne pourrait pas conserver cette unité ; mais, dût-on avoir une commission à part pour l'Hôtel-Dieu, ne serait-ce pas préférable à sa destruction ? On a parlé, enfin, de l'*insuffisance de ses revenus* ; il me suffira de revenir au rapport fait par la commission administrative de l'hospice, en 1830, et à l'exposé des motifs de la *translation*, en 1831, pour faire justice de toutes ces prétendues raisons.

Le *Bulletin de l'Aveyron*, du 29 octobre 1831, dans un article intitulé : *Translation de l'Hôtel-Dieu de Rodez dans un nouveau bâtiment*, dit « que les administrateurs chargés de
» cette tâche doivent des explications pour mettre au jour
» la nécessité qui les presse et les bonnes intentions qui les
» animent.

» Depuis long-temps, disent-ils, cet hospice ne pouvait
» se soutenir par ses propres ressources : les dons de la
» bienfaisance s'étaient taris, le prix de tous les objets de
» consommation s'était élevé, la population s'était accrue,
» et, par conséquent, le nombre des malades avait consi-
» dérablement augmenté. Ses revenus auraient à peine
» suffi à entretenir *dix lits* et à solder son état-major; et
» cependant *24 lits étaient constamment occupés* et ne suf-
» fisaient pas aux nombreuses demandes d'admission. Pour
» suppléer à l'insuffisance d'un revenu de 7,200 fr., l'hos-
» pice était venu à son secours; mais les sacrifices que cet
» établissement s'imposait pour l'Hôtel-Dieu ne devaient-
» ils pas avoir leur terme? Était-il juste de priver les pau-
» vres de l'arrondissement d'une somme annuelle de
» 4,000 fr, qui était absorbée par l'Hôtel-Dieu ? Non, sans
» doute; alors il fallait abandonner cet établissement à ses
» propres ressources et par là le condamner à périr, *ou
» chercher, en élaguant toutes les dépenses inutiles, en détrui-
» sant tous les abus qui le dévoraient*, à réduire, dans la pro-
» portion de ses ressources, *ses frais énormes* qui, dans
» l'état actuel des choses, se portaient à onze mille francs. »

Je trouve dans cet exposé de la situation des choses fort étranges. Je serais bien curieux de voir les livres des entrées à l'Hôtel-Dieu et des sorties de cette époque. L'Hôtel-Dieu ne reçoit que des personnes atteintes de *maladies aiguës*, et il est de notoriété publique qu'il y a des époques dans l'année où à peine il y en a un égal nombre dans toute la ville, et cependant tout le monde ne demande pas un lit à l'Hôtel-Dieu. Il y a évidemment une *erreur énorme* dans le compte qui fut livré aux administrateurs.

Il est une omission que je dois signaler. Les domestiques,

pour être admis à l'Hôtel-Dieu, doivent payer une somme de 75 centimes par jour; comme, dans les 24 malades, il y en a au moins un quart de payants, ce n'est pas *onze mille fr.*, mais *quinze mille* qu'il aurait fallu dire.

Il faut avouer que l'excellent abbé Roquette, qui ne dépense annuellement pour la nourriture, l'éclairage, le chauffage, le blanchissage de *quarante-cinq sourds-et-muets*, qu'une somme de *sept mille trois cents francs*, et qui, en outre, pourvoit avec cette somme à des réparations, aurait pu donner des leçons d'ordre et d'économie à ces dames.

Après avoir exposé les moyens de réduire les dépenses par cette *translation*, le rédacteur disait : « Toutes les au-
» tres dépenses, que *de nombreux abus avaient si fort éle-*
» *vées*, étaient supprimées sans nuire au but de l'établis-
» sement. »

Tels étaient les motifs qui avaient décidé la commission des hospices, composée d'hommes honorables : MM. Monestier, curé de la cathédrale; de Séguret, président du tribunal; Bancarel, juge de paix; Viguier, ex-notaire; Broussy, chanoine; Julien, juge; Henri Carcenac, maire et président de la commission.

La nouvelle commission administrative adoptait, en 1831, les conclusions de l'ancienne, et ajoutait : « La translation
» indiquée procurera, d'ailleurs, à la ville un établissement
» qui lui manquait et qui était généralement sollicité : nous
» voulons parler d'*un pensionnat pour les jeunes demoiselles*.
» Un bâtiment manquait pour le fonder; celui qu'on aban-
» donne, convenablement réparé et distribué, pourra le
» recevoir. *Déjà un ordre enseignant a fait à ce sujet une pro-*
» *position très favorable*; il offre de monter le pensionnat au
» profit de l'Hôtel-Dieu, dont les revenus s'augmenteraient
» ainsi de tous les bénéfices résultant de ce nouvel établis-
» sement. Quel intérêt n'inspirerait pas une maison qui
» viendrait soutenir le pauvre ! *Une classe gratuite y serait*
» *tenue pour l'instruction des petites filles du peuple.* »

De ce document officiel il résulte que l'Hôtel-Dieu, avec

ses 7,200 fr. de revenus, pouvait suffire à peine à entretenir dix lits constamment occupés, et qu'il en avait cependant vingt-quatre.

Je ne vois pas, d'abord, comment on peut à peine entretenir dix lits avec 7,200 fr. J'avais toujours pensé qu'une somme de *trois cents francs* était largement suffisante pour payer l'entretien d'*un lit* avec sa part de dépenses de l'*état-major*.

M. le baron de Wateville, dans son rapport au ministre de l'Intérieur sur les hôpitaux, dit : « Non-seulement la créa-
» tion de lits payants dans les hôpitaux et dans les hospices
» est utile à ces établissements, qui ne peuvent toujours
» subvenir aux charges qui leur sont imposées, mais elle
» est éminemment utile aux classes ouvrières. En dehors de
» l'indigence, il existe un grand nombre d'individus que
» l'état de maladie fait passer de la gêne à la misère, si on
» ne vient pas à leur aide. Quel secours plus efficace que
» celui de rendre à la santé, par les soins d'un savant méde-
» cin et presque sans frais, un père de famille qui n'a d'au-
» tres revenus que son travail ! De toutes parts des caisses
» de secours mutuels s'établissent en France. Une des prin-
» cipales conditions imposées par les sociétaires de ces insti-
» tutions, est de payer les journées de maladie. Pourquoi
» donc ne pas seconder ce noble sentiment? La création de
» lits payants à l'hôpital est une bonne œuvre qui produira
» les meilleurs effets. Il en est de même de la fondation
» d'hospices où l'on pourrait être admis moyennant *cent cin-
» quante à deux cents francs* de pension. C'est là le com-
» plément nécessaire, indispensable, des caisses d'épar-
» gne et de prévoyance. »

Ainsi, voilà M. de Wateville qui pense que *deux cents francs* suffisent pour l'entretien d'un lit, et à l'Hôtel-Dieu de Rodez ils en coûtaient plus de *six cents* !

Je ne m'étonne plus que MM. les administrateurs parlent des moyens à employer pour *élaguer toutes les dépenses inutiles et détruire tous les abus qui dévoraient l'Hôtel-Dieu*, ni qu'ils reviennent encore sur les dépenses que de nombreux *abus avaient si fort élevées.* J'ai déjà dit que les administrateurs étaient des hommes sérieux, honorables, mais je ne saurais souscrire à leurs décisions et à leur manière de voir à cet égard. Je ne peux m'empêcher de dire qu'en présence d'un gaspillage si scandaleux du bien des pauvres, il y avait quelque chose de mieux à faire que de détruire cet établissement charitable, victime d'un tel désordre : c'était de faire rendre un compte sévère, de ne pas attendre pour cela plusieurs années, mais la première année qu'il avait eu lieu, et d'expulser, non pas les *malades*, mais les *Sœurs* qui avaient fait litière des revenus de cette maison. Je ne vois pas, d'ailleurs, la nécessité d'avoir 24 lits *occupés*, quand on ne peut en entretenir que *dix*.

Si on avait continué d'exiger un compte, mois par mois, des dépenses, ainsi que cela avait lieu sous la gestion des Sœurs de *Mâcon*, et non pas une fois l'an, ces abus n'auraient pas eu lieu.

L'exposé de la nouvelle commission administrative nous annonce qu'on remplacerait l'Hôtel-Dieu par *un pensionnat pour les jeunes demoiselles*, et qu'*une classe gratuite y serait tenue pour l'instruction des petites filles du peuple.*

La première idée fut ajournée, on sait comment; quant à l'*école gratuite*, j'en parlerai en temps et lieu.

L'Hôtel-Dieu continua donc de fonctionner; je n'ai pu savoir s'il avait été dévoré, comme par le passé, par les 24 lits ou par les abus, et si l'hôpital a toujours été obligé de débourser tous les ans *quatre mille francs*. Ce que je sais, c'est que, depuis plusieurs années, les malades de la ville, pour alléger sans doute ses charges, préfèrent aller à l'hôpital, parce qu'ils disent hautement que leurs plaintes ont été toujours vaines et stériles.

En 1834, une Sœur fut placée à l'Hôtel-Dieu comme institutrice des enfants pauvres du quartier; deux ou trois ans après, on en nomma une seconde; peu d'années après, un orphelinat (1) fut créé et établi dans l'Hôtel-Dieu, pour

(1) Je suis très partisan des *orphelinats*, qui *ne déclassent pas*, qui

remplacer, sans doute, *le pensionnat des jeunes demoiselles* qui aurait enrichi cette maison.

On ne trouvera pas hors de propos que je fasse connaître la partie du rapport officiel de M. le baron de Wateville, inspecteur-général des hôpitaux au ministre de l'Intérieur, qui concerne les pensionnats ou les écoles qu'on a laissé introduire dans les hôpitaux :

« Un assez grand nombre d'administrations hospitalières
» tiennent des pensionnats ou des écoles. Cette opération
» ne paraît pas heureuse ; je suis convaincu qu'en défini-
» tive, il y a perte pour ces administrations. Si vous donniez
» l'ordre, Monsieur le Ministre, d'établir un compte, de
» *clerc à maître*, des recettes et des dépenses relatives aux
» pensionnats, je suis certain que ce compte se solderait en
» *déficit*. Les pertes d'argent, dans cette circonstance, me
» paraissent encore la moindre des choses. Je maintiens que
» la fondation de pensionnats ou d'écoles est très domma-
» geable pour les pauvres. Non-seulement elle éloigne les
» Religieuses de leur pieuse destination, mais encore elle
» prive les malades, les pauvres et les orphelins des locaux
» les plus sains et les plus agréables. Est-il prudent, d'ail-
» leurs, de placer de jeunes enfants au milieu d'un foyer
» qui peut devenir instantanément pestilentiel ? A chacun
» ses œuvres. Que l'administration charitable s'occupe seu-
» lement de sa noble mission ; elle a bien assez à faire. »

Qu'aurait dit cet inspecteur-général, si on lui avait appris

s'occupent de couture usuelle, de ravaudage, de soins de ménage, de buanderie, d'horticulture, afin de fournir des domestiques intelligentes, car ce n'est ni de couturières en fin, ni de lingères, ni de brodeuses, ni de femmes de chambre que la société a besoin.

Que les filles de nos ouvriers, qui apprennent tout cela aux frais de leurs parents, le fassent, je le conçois, je l'approuve. Mais ce n'est pas ce que se sont proposé les bienfaiteurs des orphelinats, ils n'ont pas entendu faire une concurrence désastreuse aux filles de nos artisans. Aussi serais-je d'avis qu'au lieu d'attirer, par ce moyen, les filles nourries par la charité, à la ville, on mît tous les orphelinats à la campagne, et qu'on n'aidât pas à l'*émigration rurale* et à un déclassement effrayant.

que l'Hôtel-Dieu de Rodez est occupé, en grande partie, par un orphelinat, objet d'une entreprise particulière de la Supérieure, et que la nourriture des malades et de son orphelinat se préparent sur le même fourneau économique ?

Qu'aurait-il pensé en voyant que la salle destinée aux femmes malades a été envahie par une école que le conseil municipal subventionne *neuf cents francs par an*, alors que les autres communautés religieuses de la ville, les Sœurs de l'Union, le couvent de Notre-Dame, donnent gratuitement, et sans recevoir de subvention de la commune, la même instruction aux petites filles du peuple, qui y sont infiniment plus nombreuses ? Le couvent Saint-Cyrice, qui reçoit toutes les filles de l'Embergue, du faubourg de ce nom, de Laguiole, qui sont les quartiers de la ville les moins aisés, et dont les Sœurs, comme *gardes-malades*, vont soigner et veiller gratis tous les malades pauvres, reçoit seul une indemnité de 200 fr. qui, cette année, a été portée à 300 fr.

Qu'aurait-il dit en voyant que la salle affectée aux hommes malades est au-dessus de cette école, et que, par-dessus cette salle, est le dortoir des orphelines ?

Le sommeil, du moins le calme et le silence, sont, surtout pour les malades, la moitié de la vie. Rien ne leur est plus avantageux et n'amène plus la guérison ; nous le provoquons par des remèdes, quand il n'arrive pas naturellement. Il est neuf heures, un sommeil réparateur viendrait appesantir la paupière d'un malade, d'un opéré ; mais voilà quarante orphelines qui vont se coucher au-dessus de leur tête, et leur sommeil est perdu ; ils dormiraient le matin, mais les orphelines se lèvent ; ils dormiraient, ils reposeraient, du moins, pendant le jour, mais voilà les piaîements, les récitations, les chants des enfants de l'école *gratuite*, qui viennent y mettre obstacle ; et voilà ce qu'on appelle un Hôtel-Dieu ! Mais c'est une espèce de *caravansérail !*

La commission disait, en 1831, que les 24 lits étaient constamment occupés ; qu'on aille y voir depuis plusieurs années ! Les malades ne veulent plus y aller ; l'Hôtel-Dieu est à peu près perdu pour nos ouvriers et nos domestiques, et tous les médecins, quand ils sont consultés, même ceux qui portent le plus d'intérêt à cette Sœur, disent : *Envoyez ce malade à l'hôpital; il y sera infiniment mieux.*

Il ne suffisait pas au zèle de cette Supérieure d'avoir un orphelinat, une école ; elle a ouvert une espèce de *table d'hôte*, et tout se fait *sur le même fourneau.*

M. Martin d'Oisy inspectait cet établissement en 1856 et disait, dans son *Dictionnaire d'Économie charitable*, en parlant de l'Hôtel-Dieu de Rodez : « Cet établissement est en-
» vahi par des fondations qui lui sont étrangères et qui ga-
» gnent du terrain sur lui, tout en n'ayant elles-mêmes leur
» libre développement. »

Un autre inspecteur-général venait à Rodez en 1862 et disait hautement qu'il n'avait jamais vu tant de désordre ni d'abus. A quoi ont abouti toutes les plaintes de ces hauts fonctionnaires ? A rien; je me trompe, à en voir naître d'autres.

Je crois en avoir dit assez pour prouver que l'Hôtel-Dieu, qui a maintenant plus de *huit mille francs* de revenu, sans compter les économies considérables qu'il a dû faire depuis plusieurs années, peut aisément se suffire à lui-même, s'il est bien administré, s'il est débarrassé de tous les *abus qui le dévoraient*, surtout de l'*orphelinat* et de l'*école gratuite* qui, créés dans ces dernières années, lui font le plus grand mal.

La ville n'a pas encore payé la partie du boulevard qui appartenait à l'Hôtel-Dieu. Elle donne tous les ans *neuf cents francs*, dont le résultat le plus net est d'empêcher les pauvres malades de dormir. Qu'elle continue de les donner à cet établissement pour les besoins des malades, ils n'en dormiront que mieux et elle paiera une dette d'honneur.

Ainsi maison nette de l'orphelinat, de l'école, de la table d'hôte ; malades mieux nourris, mieux soignés, car, en l'état, cette maison dévore beaucoup d'argent et ne répond pas à sa destination.

Je suis très-partisan de tout ce qui peut donner de l'émulation, et dès-lors, que de motifs pour appeler à desservir l'Hôtel-Dieu les Sœurs de Saint-Vincent-de-Paul, que l'armée appelle à bon droit *les zouaves de la charité*, ou bien quelques Sœurs d'une de nos maisons religieuses !

Pourquoi pas les Sœurs du Saint-Cœur de Marie, de Cruéjouls ? Elles ont déjà fait leurs preuves comme *Sœurs garde-malades* et à l'asile Saint-Cyrice. L'Hôtel-Dieu est pauvre, elles coûteraient infiniment moins et ne dépenseraient pas autant.

La situation faite à l'Hôtel-Dieu et à nos ouvriers malades est intolérable; il faut en finir. La commission administrative n'a que trop long-temps fermé les yeux sur tous ces désordres. Les conseillers municipaux ne continueront pas, il faut l'espérer, cette subvention.

L'école du XVIIIe siècle, qui sapait les hôpitaux comme d'origine catholique, poursuit son œuvre et voudrait leur substituer *les secours à domicile*. Ce mode d'*assistance* peut, dans quelques cas, compléter les secours hospitaliers, mais ne saurait jamais les remplacer.

N'oublions pas que les abus existant dans certains hôpitaux sont l'arme la plus terrible qu'on invoque contre leur existence.

Je le dis et je le répèterai encore, larges réformes, suppression des abus existants, réintégration des curés des paroisses dans les commissions des hôpitaux et des bureaux de charité comme membres *de droit*; *un directeur-général des hôpitaux à Paris, un directeur par département pour toutes les œuvres charitables ou hospitalières officielles*; chacun se tiendra alors à sa place, et ces institutions, au lieu de languir, de perdre dans l'esprit des populations, grandiront et rendront encore d'immenses services.

Toutes les administrations, en France, ont des directeurs; pourquoi n'en serait-il pas de même pour les administrations *charitables* officielles, en laissant toute liberté à celles qui sont créées, alimentées par la charité *privée* ?

## NOTES.

L'ordre de Saint-Lazare de Jérusalem, qui passe généralement pour être le plus ancien, était à la fois hospitalier et militaire. Les lépreux étaient si particulièrement l'objet des soins de cet ordre, qu'on ne pouvait élire pour grand-maître qu'un chevalier lépreux, et cela dura jusqu'en 1253; de là le nom de Saint-Lazare qui était donné à quelques léproseries, comme celle qui existait à Agen, près Rodez, et qui a conservé son nom.

À mesure que le nombre des lépreux diminua, cet ordre perdit de son utilité comme ordre hospitalier; il fut réuni, dans quelques contrées, à l'ordre de Malte ou Saint-Jean-de-Jérusalem; en France, il se fondit dans l'ordre du Mont-Carmel.

Louis XIV voulait élever ces deux ordres réunis à la hauteur d'une institution, pour remplacer les divers ordres hospitaliers et militaires qui étaient éteints, et, de là, la concession des léproseries et autres hôpitaux; mais ce projet ne réussit pas.

La Restauration tenta de le conserver et lui rendit son rang et ses dignités. Il y eut des chevaliers nommés; Louis XVIII s'en déclara le chef; mais cet ordre s'est éteint après 1830 par la mort des derniers titulaires.

Le baron Alibert était, si je ne me trompe, chevalier de l'ordre de Saint-Lazare.

— Les confréries de St-Jacques, composées, en général, de personnes qui avaient fait le pèlerinage de Saint-Jacques de Compostelle ou d'autres lieux, étaient instituées pour venir en aide aux pèlerins de tous pays qui allaient ou revenaient de leur voyage. Quand les maisons destinées à les recevoir n'avaient pas assez de ressources, ils devaient y suppléer pour les héberger et nourrir, et s'ils étaient malades, pour les soigner. Ces confréries disparurent avec les pèlerinages ou se confondirent avec celles qui existent encore sous le nom de *pénitents*. Elles avaient chacune un *syndic* ou *prieur*, et un plus ou moins grand nombre de dignitaires connus sous le nom de *bayles*.

www.ingramcontent.com/pod-product-compliance
Lightning Source LLC
Chambersburg PA
CBHW060519050426
42451CB00009B/1072